작가의 말

캠핑왕 모모의 아빠처럼 저도 가족들이랑 산으로 바다로 다니길 좋아해요. 이 책을 쓰면서 가족들과 실미도에 캠핑 갔던 일이 떠올랐어요. 실미도는 인천 무의도 옆에 있는 무인도예요. 실미도로 가는 길은 하루 두 번 열려요. 바닷물이 밀려 나가는 썰물이 되어야 길이 나타나 실미도로 건너갈 수 있지요. 신기하지요? 밀물과 썰물은 달이 지구를 끌어당기는 힘과 지구가 스스로 빙글빙글 도는 자전의 영향으로 생겨요. 정확히 말하면 인력과 원심력의 작용이죠. 이처럼 우리는 일상생활에서 다양한 과학 현상을 접할 수 있어요.

모모도 아빠와 떠난 캠핑에서 질척거리는 흙, 특이한 모양의 바위, 뱀처럼 구불거리는 강, 퇴적물이 쌓인 모래섬 등을 접하고 그 현상에 숨은 과학 원리를 찾아보며 실험해 보지요. 생수병을 얼려 물의 부피 변화도 직접 확인해 보고, 페트병으로 간단한 실험 도구를 만들어 흙의 물 빠짐을 실험해 봅니다. 또 컵에 흙을 담고 물을 부어 물 위에 떠오른 물질들을 관찰해 보거나 흙 언덕을 만들어 물을 흘려 보내기도 해요. 그러면서 흙의 특징과 흐르는 물에 의한 땅의 변화, 그리고 강 주변 지형의 특징들을 하나씩 배워 가지요.

과학을 잘하려면 모모처럼 일상생활에서 접하는 현상에 관심을 갖는 것부터 시작해야 해요. 거창할 필요는 없어요. '왜 그럴까?' 한 번쯤 생각해 보고 생각날 때 책이나 인터넷에서 찾아보면 되지요. 그러다가 재미있는 사실을 발견할 수도 있고 더 찾아보고 싶은 것이 생길 수도 있어요. 그렇게 하다 보면 자신도 모르는 사이 과학적으로 생각하고 이해하는 태도를 갖추게 될 거예요. 모모를 따라 직접 실험하고 관련 정보도 찾아보면서 나만의 탐구 노트를 써 보면 더욱 좋겠지요.

모모처럼 과학을 어려워하지 않고 일상생활에서 과학의 원리와 개념을 발견하는 재미를 알아 가는 친구들이 많으면 좋겠어요. 그럴 준비가 되어 있나요? 그럼 모모와 함께 과학 탐구 여행을 떠나 볼까요?

⭐ **모모** 궁금한 건 못 참고 직접 탐구해 보길 좋아하는 개구쟁이 초등학생.

⭐ **아빠** 과학 선생님이자 캠핑왕인 모모의 아빠.

⭐ **엄마** 항상 바쁘지만 세상 누구보다 모모를 사랑하는 모모의 엄마.

⭐ **뽕야** 캠핑을 좋아하는 모모의 소중한 반려견.

프롤로그 ～～～～～～～ 8

1장 겨울 캠핑의 맛 ～～～～ 10

2장 생명이 자라는 흙 ～～～ 24

3장 층리 커튼이 펼쳐진 계곡 ～～ 38

4장   뱀을 닮은 강 ~~~~~~~ 52

5장   강물이 멈추는 곳 ~~~~~~~ 68

에필로그 ~~~~~~~~~~~~~ 84

1장
겨울 캠핑의 맛

아빠와 도착한 캠핑장에는 흰 눈이 가득 쌓여 있었다.

"모모야, 아빠가 준비할 동안 눈 좀 쓸어 다오."

나는 빗자루로 텐트를 칠 자리에 쌓인 눈을 쓸었다. 곧 꽁꽁 언 맨땅이 나왔다.

"아빠, 이런 날씨에 캠핑이 가능해요?"

"그럼! 캠핑왕을 못 믿겠니?"

그때 내 배에서 꼬르륵 소리가 났다.

"오늘 점심은 뭐예요?"

"스테이크란다! 차에서 고기 좀 가져와 줄래?"

뽕야와 함께 차에 가서 고기가 든 비닐봉지를 찾았다. 봉지를 열어 보니 고기가 꽝꽝 얼어붙어 있었다. 한 덩어리가 된 고기는 돌처럼 딱딱했다.

"아빠, 고기가 돌처럼 얼어서 먹기 힘들 것 같아요."

"걱정 마, 돌처럼 얼어붙었어도 녹으면 떨어질 거야."
화로 옆에 고기가 든 봉지를 내려놓으며 아빠가 말씀하셨다.
"단단한 바위도 얼었다가 녹기를 반복하면 부서지거든."
"바위가 부서진다고요?"
나는 고개를 갸우뚱거렸다.
"멍멍멍!"
그때 뽕야가 고기를 향해 짖어 댔다.
"하하, 뽕야도 배고픈가 보구나. 얼른 점심부터 만들어 줄게."
아빠가 점심을 준비하시는 동안 나는 뽕야와 근처 개울가에 가 봤다. 꽁꽁 언 개울 한가운데 큰 바위가 솟아 있었고, 바위 위쪽 움푹 파인 곳에 고인 물이 꽝꽝 얼어 있었다. 호기심이 발동한 나는 개울 중간중간에 놓인 돌들을 징검다리 삼아 바위까지 가 보았다. 그리고 작은 돌을 주워 바위 위에 언 얼음을 깨며 놀았다.

"우아, 팥빙수 같다."

"모모야, 스테이크 먹자."

아빠가 부르시는 소리에 뽕야와 나는 캠핑장으로 달려갔다.

커다란 접시에 잘 익은 고기와 채소가 먹음직스럽게 담겨 있었다. 배고팠던 우리는 촉촉하고 맛있는 스테이크를 허겁지겁 먹었다. 배가 부르자, 문득 아빠와 나눴던 대화가 떠올랐다.

"아빠, 아까 단단한 바위도 얼었다가 녹으면 부서진다고 하셨죠? 그게 무슨 뜻이에요?"

"아, 얼면 부피가 커지는 물의 성질 때문이란다."

"네? 물이 얼면 부피가 커진다고요?"

어리둥절했지만 배불리 먹고 나니 잠이 쏟아져 아빠에게 더 물어볼 수 없었다.

① 스테이크 고기에 소금과 후추를 뿌려 밑간을 한다.

② 뜨겁게 달군 불판에 고기를 올려 겉면을 바싹 익힌다.

③ 감자, 당근, 브로콜리 같은 채소들도 불판에 올려 굽는다.

④ 스테이크 고기는 약불에 2~3분간 더 구워 속까지 익힌다.

⑤ 큰 접시에 구운 고기와 채소를 올리고, 스테이크 소스를 뿌려 마무리한다.

캠핑에서 아빠가 물이 얼면 부피가 커진다고 하셨잖아?
그래서 자기 전에 생수병 하나를 냉동실에 넣고 아침에 일어나서 확인해 보기로 했지.

얼어서 빵빵하게 부푼 생수병을 보고 아빠가 한마디 하셨어.
여전히 무슨 말인지 이해하지 못한 나는 바로 조사해 봤어.

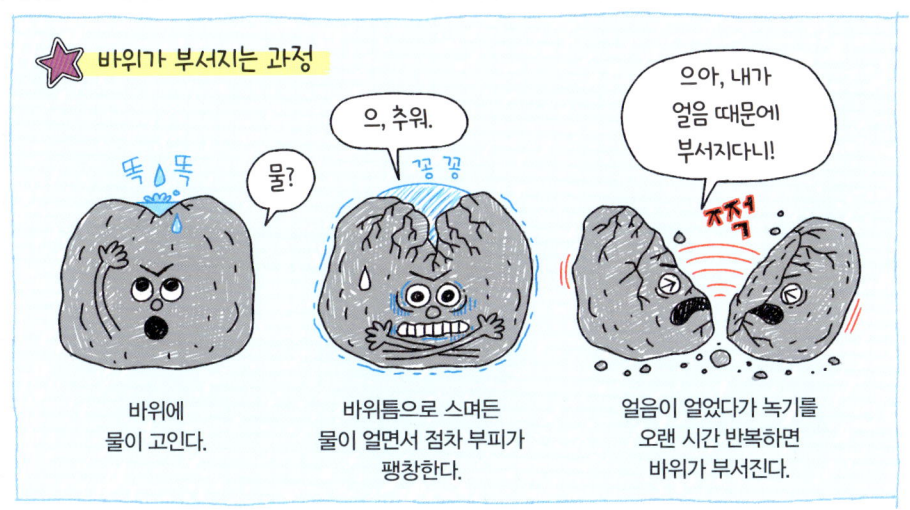

아주 오래전에 고인돌도 이런 방식으로 바위를 부수어 만들었대. 겨울이 되면 바위틈에 물을 붓는 걸 오랜 시간 반복해서 바위를 부순 거지.

강화도 부근리 고인돌

찾아보니 물과 관련된 재미있는 작용이 더 있었어.

보통 빗물이나 지하수는 공기 중의 이산화 탄소가 녹아 있어서

약한 산성을 띤대. **산성을 띤 빗물이나 지하수**는 바위를 녹이지.

특히 석회암이 잘 녹아서 산성을 띤 지하수가

석회암 지대에 흐르면 석회 동굴이 생긴대.

물뿐만 아니라 **산소**가 바위를 부수기도 해. 녹슨 철을 본 적 있어?

철을 공기 중에 두면 산소와 결합하여 부식되지. 그러면 철은 붉게 변하고

약해져. 철분이 많은 바위도 산소에 의해 부식되어 부서진대.

근처에 붉은색 바위가 있는지 한번 찾아봐.

아빠와 산에 갔을 때 신기해서 찍은 바위 사진이야.

왼쪽 사진은 바위처럼 보이지 않지? 아빠한테 물어봤더니 지의류라는 <mark>생물</mark>이 바위에 붙어 있는 거래. 지의류는 바위 표면에 달라붙어 살면서 바위를 녹인대. 오른쪽 사진은 바위틈에 뿌리를 내린 나무 사진이야. 신기하지? <mark>식물</mark>이 바위틈에 뿌리를 내리고 자라면, 그 뿌리가 점차 두꺼워지면서 바위를 부수기도 해.

> 지의류는 이끼와 비슷해 보이지만 달라. 한자로 땅 지(地), 옷 의(衣) 자를 써서 '땅의 옷'이라는 뜻으로, 주로 바위나 나무껍질에 달라붙어 살아. 지의류는 곰팡이와 조류가 함께 사는 공생체야.

흙 따위가 굳어서 만들어진 단단한 덩어리가 돌이야. 그중 부피가 매우 큰 돌을 바위라고 해.

인터넷에서 찾은 이 바위는 버섯처럼 보이지?

건조한 사막에서는 모래바람에 의해 바위가 깎여서 버섯 모양의 바위가 만들어져. 바닷가에서는 파도에 의해 바위가 깎이기도 해. 목포 갓바위는 바위 아랫부분이 파도에 깎여 나가 독특한 모양이 되었대.

전라남도 목포시 갓바위

바위 모양이 정말 특이해요.

갓을 쓴 것처럼 보여서 '갓바위'라고 부른단다.

이번 캠핑에서 아빠가 스테이크를 구우며 풍화 작용에 관해 설명해 주셨어.
놀랍게도 우리 주변에 보이는 흙은 바위가 부서져서 만들어진 거래.

바위가 물, 산소, 생물, 바람, 파도 등의 작용으로 잘게 부서져 흙이 되는 과정을 '풍화 작용'이라고 해.
오랜 시간에 걸쳐 이루어지는 풍화 작용은 멋진 자연물 작품을 만들기도 하지.

스테이크 맛있어! 멍

바위의 종류와 모양, 기후, 환경, 시간 등 다양한 원인이 풍화 작용에 영향을 미치기 때문에 바위들이 제각각 다른 모습을 하고 있는 거지.
다시 산에 가면 독특한 모양을 한 바위를 찾아보고, 그 바위가 어떤 작용으로 그런 모습이 되었을지 생각해 봐야겠어.

희한한 돌을 찾았어!

멍! 똥이야!

지구는 어떻게 만들어졌을까?

까마득하게 멀고 먼 옛날, 우리은하의 어느 별이 크게 폭발했지. '초신성 폭발'이 일어난 거야. 이 폭발로 철, 니켈, 산소, 탄소 같은 원소들이 방출되어 가스와 먼지 그리고 암석 등의 형태로 우주를 떠다녔어.

질량이 있는 모든 물체는 서로 잡아당기는 힘이 있어. 이를 '만유인력'이라고 해. 지구가 우리를 당기는 힘인 중력도 만유인력이 작용한 거야. 만유인력으로 우주의 먼지와 암석들이 서로를 당기며 뭉쳐서 아주 작은 미행성들이 만들어졌어. 그리고 미행성들이

부딪히고 합쳐지며 약 45억 년 전에 지구가 탄생했지.

　탄생 초기에 지구는 미행성들과의 잦은 충돌로 막대한 양의 열에너지가 발생하면서 용암처럼 녹아 있었어. '마그마 바다' 상태였던 거야. 이때는 지구에 땅도 바다도 없었지. 마그마 바다에서 무거운 쇳덩어리 성분은 중력에 의해 지구 중심으로 가라앉아 지구의 핵을 이루었고, 상대적으로 가벼운 성분은 떠올라 맨틀과 지각을 구성하는 주요 물질이 되었어.

　이후 오랜 시간이 흐르면서 지구는 점차 식으며 굳어 갔어. 지구의 온도가 내려가자 지구를 둘러싼 대기에 모인 수증기가 비로 쏟아지기 시작했지. 빗물이 모여 바다가 되고, 대기 성분도 변화하면서 지금의 지구 모습이 되었어.

2장
생명이 자라는 흙

아침저녁으로 쌀쌀하지만 낮에는 확실히 따뜻한 봄의 기운이 느껴졌다.

"봄에는 캠핑이지!"

아빠가 소리치시자 뽕야도 신이 났는지 펄쩍 뛰었다.

"아빠, 봄이니까 땅은 다 녹았겠지요?"

"그럼! 녹은 땅에서 파릇파릇 새싹들이 돋아나고 있을 거야."

"오! 빨리 보고 싶어요."

이번에도 엄마는 일이 바빠서 함께 가지 못한다고 하면서 들떠 있는 아빠에게 말씀하셨다.

"여보, 캠핑 가서 매번 고기만 먹으면 안 돼요."

"허허. 그럼 이번에는 영양 솥밥을 해 먹을게요."

아빠표 솥밥의 맛을 익히 알고 있는 나는 신이 나서 외쳤다.

캠핑장에 도착하자마자 나는 땅을 뚫고 나온 식물들을 관찰하러 근처 산에 올랐다. 산길의 흙은 검게 썩은 낙엽과 함께 질척거렸다.

"흙이 더럽네요."

그러자 내 뒤를 따라오던 아빠가 말씀하셨다.

"모모야, 이건 더러운 게 아니야. 양분이 풍부해 식물이 잘 자라는 흙이야."

아빠는 캠핑용 삽으로 땅을 파셨다. 깊이 파자 점차 알갱이가 작고 고운 흙이 나왔다.

"검게 썩은 낙엽이 섞인 흙은 영양분이 풍부한 부식토야. 그 아래 짙은 흙은 생물이 살아가기 적당한 표토란다. 표토 아래로 진흙처럼 알갱이가 고운 심토, 모래와 자갈이 섞인 모질물, 단단한 암석인 기반암이 있단다."

"근데 아빠, 뭔가 타는 냄새가 나지 않아요?"

"응? 으악! 영양 솥밥!"

아빠가 서둘러 캠핑장으로 달려가 불 위에 있던 솥을 바닥에 내려놓으셨다. 솥뚜껑을 열고 밥을 푸자 맨 위는 질고, 중간은 그럭저럭 먹을 만하고, 맨 밑은 탄 삼층밥이었다.

"음, 영양 솥밥이 땅속이랑 똑같네요. 솥 바닥은 기반암, 타 버린 맨 아래층은 모질물, 그럭저럭 익은 밥은 심토와 표토, 맨 위 다양한 야채가 섞인 진밥은 부식토네요."

내 말을 들은 아빠는 헛기침을 하셨다.

"으흠, 그렇지! 층층이 다른 토양의 구조를 쉽게 이해하라고 일부러 삼층밥을 만든 거란다."

층층 영양 솥밥

①

대추, 당근, 표고버섯, 애호박을 먹기 좋은 크기로 썰어 둔다.

②

쌀을 씻어 솥에 넣고 물을 붓는다. 썰어 둔 재료들을 올리고, 솥뚜껑을 연 채로 불을 켠다.

③

물이 팔팔 끓으면 솥뚜껑을 닫고 약한 불로 10분 정도 더 끓인다.

④

불을 끄고 10분 더 뜸을 들인 뒤 솥뚜껑을 열면 완성!

아빠가 어두운 갈색 흙을 보고 식물이 잘 자라는 흙이라고 말씀하셨어.

그래서 식물이 자라기 좋은 흙을 실험으로 직접 알아보았어.

흙의 겉보기 성질과 촉감을 관찰한 결과를 정리한 거야.

	운동장 흙	갯벌 흙	화단 흙
색깔	밝은 갈색	회색, 황토색	어두운 갈색
알갱이 크기	알갱이가 크다.	알갱이가 매우 작다.	운동장 흙보다 알갱이가 작다.
촉감	거칠다.	매우 부드럽다.	부드럽다.

이번에는 흙마다 물 빠짐 정도가 얼마나 다른지 실험해 볼 거야.

식물이 잘 자라려면 흙이 물을 적당히 머금고 있어야 하거든.

① 빈 페트병을 반으로 자른다.
② 페트병 주둥이에 거즈를 댄 뒤 고무줄로 고정한다.
③ 페트병 아래쪽에 거꾸로 꽂는다.

그리고 꽂아 둔 페트병에 각각 다른 흙을 채웠어. 이때 페트병 크기, 거즈의 종류, 흙의 양은 같아야 해.

운동장 흙   갯벌 흙   화단 흙

자, 이제 마지막 단계야.

아빠의 도움을 받아 각각의 흙에 같은 양의 물을 동시에 부었어.

그리고 3분 동안 페트병 아래쪽에 모인 물의 양을 비교했지.

3분 동안 가장 많은 물이 빠져나온 흙은 운동장 흙이야. 좋은 소식은 아냐.

물이 너무 잘 빠지는 운동장 흙에서는 식물이 자라기 어려워.

반면 갯벌 흙은 물이 너무 많아 식물이 자라기 어려워. 대신 갯지렁이,

조개, 고둥 같은 바다 생물이 살 수 있어.

적당히 물을 머금은 화단 흙은 식물이 잘 자랄 수 있어.

이번에는 흙 속에 어떤 물질들이 섞여 있는지 실험으로 확인해 볼 거야. 투명한 컵에 운동장 흙, 갯벌 흙, 화단 흙을 각각 넣고 물을 부었어. 그리고 젓가락으로 휘휘 저었어.

운동장 흙에 물을 부은 컵에는 물 위에 뜨는 물질이 거의 없었어. 갯벌 흙은 흙탕물이 되어 버렸어. 알갱이가 너무 고와서 그런가 봐. 물 위에 뜨는 물질도 거의 없었어. 마지막으로 화단 흙을 넣은 물 위에는 많은 물질이 떠올랐어. 핀셋으로 떠오른 물질들을 건져서 돋보기로 관찰하자 식물 뿌리, 낙엽 부스러기, 죽은 개미 같은 것들을 볼 수 있었어. 이런 물질들 덕분에 양분이 풍부해져 식물이 잘 자라는 거야.

아빠와 캠핑 갔을 때 이런 일이 있었어.

풀과 낙엽에도 우리가 먹는 밥처럼 탄수화물, 비타민, 미네랄 같은 영양분이 들어 있다는 걸 처음 알았어. 산에 쌓인 풀과 낙엽은 '분해자'라고 불리는 미생물이 분해해 식물의 성장을 돕는 양분이 돼.

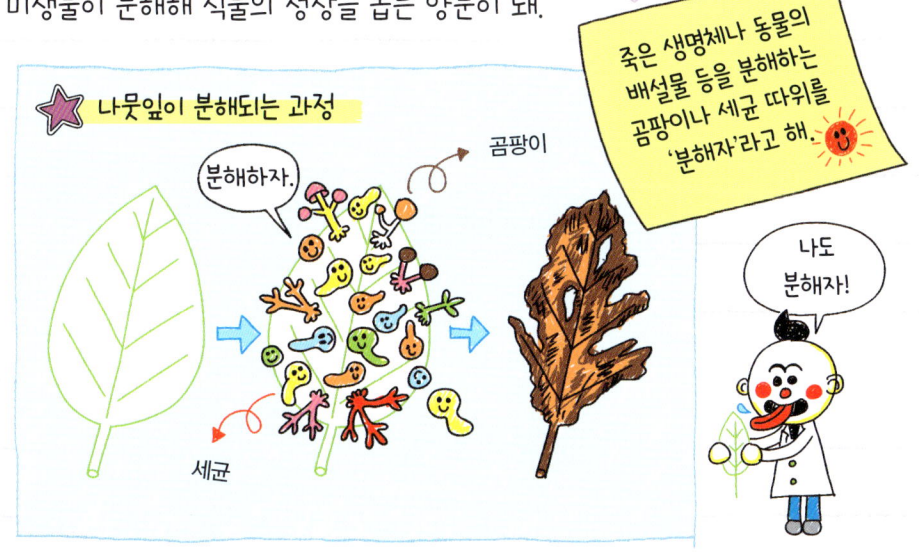

이런 양분이 많은 흙일수록 어둡게 보인다고 해. 아빠가 어두운 갈색 흙이 더러운 게 아니라고 했던 이유를 이제 알겠어.

부식물에 대해 알아볼까?

흙은 바위가 부서져서 만들어진 알갱이로만 이루어져 있지 않아. 흙에는 식물의 뿌리와 줄기, 곤충의 썩은 잔해 같은 것들이 섞여 있어. 흙 속에 섞인 이런 물질을 '부식물'이라고 해. 부식물은 썩은 물질이어서 대개 어두운 색을 띠어. 그래서 부식물이 풍부해 식물이 잘 자라는 흙은 대체로 어두운 갈색이야.

부식물은 생태계에서 중요한 역할을 해. 생태계란 일정한 장소에 사는 생물 요소와 환경을 구성하는 물, 온도, 빛 등 비생물 요소들이 서로 영향을 주고받으며 살아가는 체계를 뜻해.

생태계를 구성하는 생물들은 양분을 얻는 방법에 따라 세 종류로 구분돼. 광합성을 통해 스스로 양분을 만드는 식물은 '생산자', 다른 생물을 잡아먹으며 양분을 얻는 동물은 '소비자', 죽은 생물

이나 동물의 배설물을 분해하여 양분을 얻는 곰팡이나 세균 따위는 '분해자'라고 하지.

　분해자에 의하여 만들어진 부식물은 식물의 영양분이 되거나 동물의 먹이가 되면서 생태계 순환이 이루어지게 해. 흙의 구성 성분 중에서 부식물은 적은 양에 불과하지만, 생태계가 건강하게 순환하는 데 아주 중요한 역할을 하고 있어.

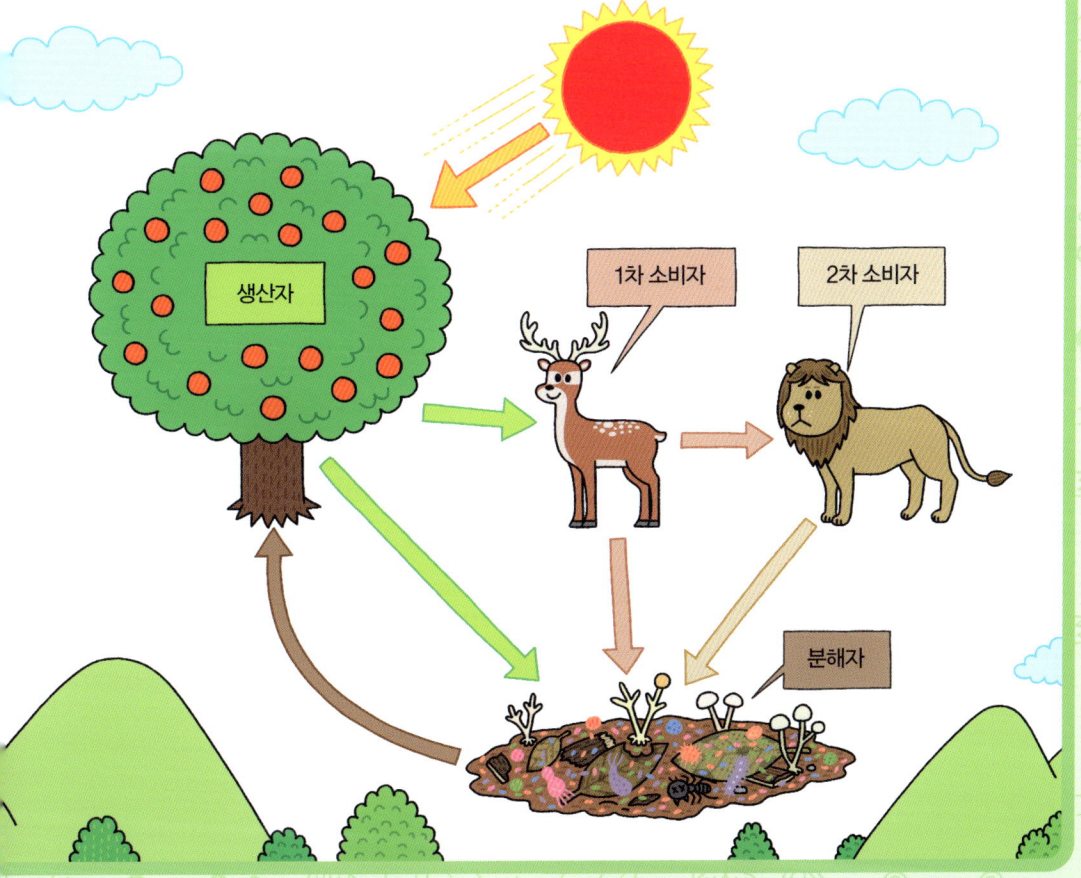

3장
층러 커튼이 펼쳐진 계곡

늦봄의 따가운 햇볕 아래 나뭇잎은 점점 초록색으로 짙어졌다. 이번 캠핑은 엄마도 함께 가시기로 했다.

"아빠, 오늘은 어디로 가요?"

"경상북도 의성군에 있는 점곡 계곡이란다. 멋진 층리 커튼이 펼쳐진 곳이지."

"층리 커튼이요?"

"하하, 직접 보면 이해가 갈 거야."

고속 도로를 달려 점심이 다 되어서야 점곡 계곡에 도착했다. 차에서 내리자 저 멀리 절벽과 절벽 아래로 흐르는 강물이 보였다.

"뽕야, 우리 물가로 가 보자."

"모모야, 여긴 돌이 많으니까 조심해야 해."

엄마 말씀을 듣고 나는 운동화 끈을 단단히 묶었다. 그새 뽕야는 저 멀리 뛰어가고 있었다.

"뽕야, 같이 가!"

강가에 다다르자 웅장한 절벽이 눈앞에 펼쳐졌다. 암석을 한 층 한 층 쌓은 듯 가로 줄무늬가 있는 멋진 절벽이었다.

"우아, 정말 굉장하다!"

"멍멍."

늦봄 한낮의 날씨는 더웠다. 나는 운동화와 양말을 벗고 조심스

럽게 물에 발을 담갔다. 물이 얼음장 같이 차가워 깜짝 놀랐다. 뽕야도 따라 들어왔다가 금세 물 밖으로 나가 푸르르 몸을 떨었다. 나도 발이 시려 얼른 강가로 다시 나왔다.

  그때 아빠가 넓적한 돌을 들고 와 물로 깨끗이 씻으셨다.

"아빠, 그 돌은 뭐예요?"

"삼겹살을 구우려고 가져왔어. 천연 돌판이야."

삼겹살이라는 말을 듣자마자 배에서 꼬르륵 소리가 났다.

"배고파요. 얼른 삼겹살 먹어요."

캠핑장으로 가자 엄마가 즐거운 표정으로 화로에 불을 피우고 계셨다. 아빠가 돌판을 화로에 올리고 기름칠을 하자, 엄마는 집게로 삼겹살을 집어 달군 돌판 위에 올리셨다. 지지직거리며 삼겹살이 돌판 위에서 나란히 구워졌다.

"앗, 절벽 줄무늬!"

내가 삼겹살을 가리키며 소리치자 아빠가 웃으셨다.

"아, 층리를 말하는구나?"

"층리요?"

그제서야 아빠가 말씀하셨던 층리 커튼이라는 말이 떠올랐다.

"층리는 퇴적물이 차례로 쌓여서 나타나는 평행한 줄무늬야. 모모가 강가에서 본 게 바로 층리 절벽이지. 퇴적암이 흐르는 강물에 깎이면서 층리가 드러난 거란다."

아빠가 하신 말씀을 전부 이해하지는 못했지만, 멋진 층리 절벽을 바라보며 먹는 삼겹살 맛은 최고였다.

지글지글 돌판 삼겹살

① 돌판을 깨끗이 씻어 불 위에 올린다.

② 돌판이 충분히 달구어지면 삼겹살 비계를 돌판에 문질러 기름칠을 한다.

③ 삼겹살을 줄줄이 올려 굽는다.

④ 버섯과 김치도 구워서 삼겹살과 함께 먹는다.

낙동강 상류에 자리한 점곡 계곡으로 캠핑을 다녀왔어. 아빠는 점곡 계곡의 층리 절벽이 흐르는 강물 때문에 드러났다고 하셨어. 흐르는 강물이 땅에 어떤 영향을 미치는지 궁금해서 직접 실험해 보기로 했어.

먼저 흙 언덕을 만들고, 흙이 어떻게 이동하는지 잘 보이도록 흙 언덕에 색 모래를 뿌렸어. 그리고 언덕 위에 물을 부었지. 강물이 흐르듯이 말이야.

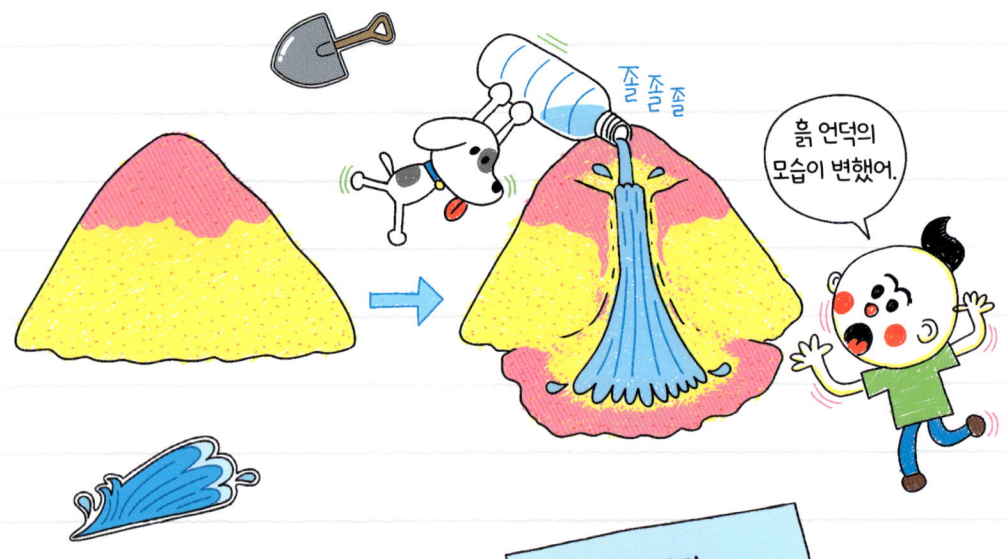

물을 붓자 언덕 위의 흙이 깎여 아래로 흘러내렸어. 이렇게 흘러내린 흙은 아래쪽에 쌓였지.

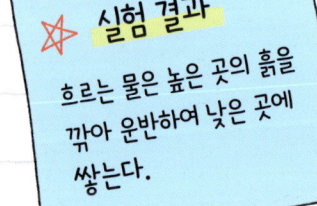

실험 결과

흐르는 물은 높은 곳의 흙을 깎아 운반하여 낮은 곳에 쌓는다.

실험을 지켜보던 아빠가 침식 작용, 운반 작용, 퇴적 작용에 관하여 설명해 주셨어.

흐르는 강물은 침식 작용, 운반 작용, 퇴적 작용을 통해 땅의 모습을 변화시켜. 오랫동안 돌이나 흙과 같은 지표면을 깎고, 깎아 낸 물질들을 낮은 곳으로 운반하고, 운반한 물질들을 쌓으면서 말이야.

침식 작용, 운반 작용, 퇴적 작용은 지하수, 바닷물, 바람, 빙하 등에 의해서도 일어나. 바닷물의 침식 작용으로 바위가 깎여 멋진 돌기둥이 생기기도 하고, 바람의 운반 작용으로 모래 언덕이 옮겨지기도 해.

바닷물에 의한 침식 작용

바람에 의한 운반 작용

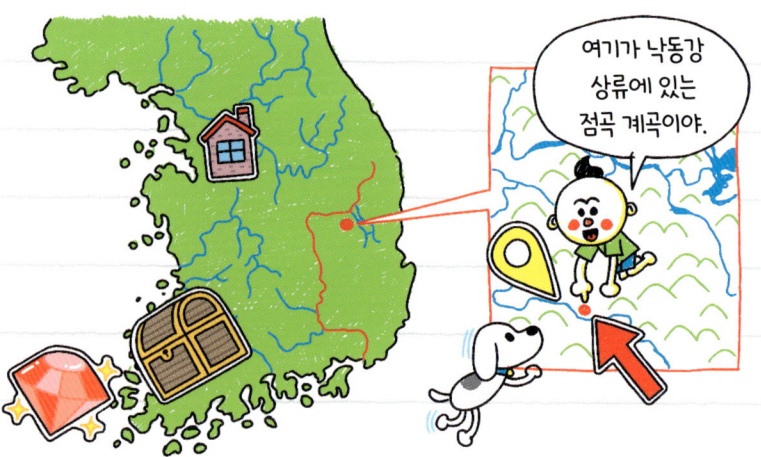

실험에서 언덕 위쪽 흙이 깊이 파였지?

실험에서도 알 수 있듯이 강 상류에서는 침식 작용이 활발해. 점곡 계곡은 낙동강 상류에 있어. 그래서 강물의 침식 작용으로 바위가 깎여 층리가 드러난 거야.

아빠가 작년에 놀러 갔던 강원도 동해시의 무릉 계곡도 강 상류 지형의 특징이 잘 드러나는 곳이라고 하셨어. 그래서 그때 찍은 사진을 찾아봤지.

강원도 동해시 무릉 계곡

강은 주로 산에서 시작되기 때문에 강 상류는 땅의 경사가 급해.
그래서 물도 빠르게 흐르지. 무릉 계곡에 갔을 때도 쏴 흐르는 물소리가
시끄러울 정도로 물살이 빨랐어. 또 강폭이 좁고 물의 양도 적어.
그리고 강 상류 주변에는 모난 돌이나 큰 바위가 많아. 무릉 계곡에도 크고 멋진 바위가 많았어.

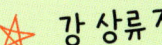

강 상류 지형의 특징
- 산골짜기를 따라 물이 빠르게 흐른다.
- 강폭이 좁고 흐르는 물의 양이 적다.
- 주변에 모난 돌이나 커다란 바위가 많다.

강 상류에서만 찾아볼 수 있는 지형도 있어.
강바닥이 빠른 물살에 계속 침식되면 강 옆면에 급한 경사가 생기며
V자 모양의 계곡이 만들어지기도 해. 이렇게 물이 흐르는 강바닥이
V자 모양으로 깊이 파인 계곡을 'V자 계곡'이라고 해.

V자 계곡

강 상류에서는 강의 옆면보다 강바닥에서 침식 작용이 더 활발하게 일어나.

강 상류에서는 폭포도 볼 수 있어.

경사가 심한 곳을 흐르던 강물이 높이 차이가 나는 땅이나 무른 암석을 만나면 더욱 활발히 침식 작용을 일으키며 땅이나 암석을 깊이 파게 돼.

침식 작용이 오랫동안 계속되면 땅의 높이 차이가 점차 심해져 강물이 높은 곳에서 낮은 곳으로 떨어지는 폭포가 만들어져.

⭐ 폭포가 만들어지는 과정

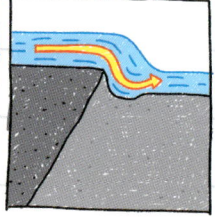
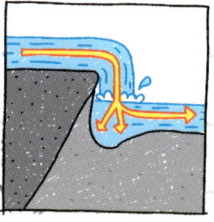
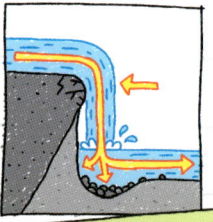

무른 암석이 더 활발히 침식되어 깎이면 결국 그 위의 단단한 암석도 부서져 내리면서 폭포가 점차 상류 쪽으로 이동하게 된대.

무릉 계곡에도 멋진 쌍폭포가 있어.

무릉 계곡 쌍폭포

폭포는 높이 차이가 클수록 멋지겠지?

강 상류에서 침식 작용만 일어나는 건 아니야.
경사가 급한 계곡을 흐르던 물이 갑자기 경사가 완만한 곳을 만나면 흐르는 속도가 느려져. 그러면 물을 따라 운반되던 돌, 모래, 흙 들이 퇴적돼. 이렇게 강 상류에서 퇴적 작용으로 만들어지는 부채 모양 지형을 '선상지'라고 해. 선상지는 위치마다 쌓이는 퇴적물의 크기가 달라. 크기가 크고 무거운 물질부터 쌓이기 때문이야.

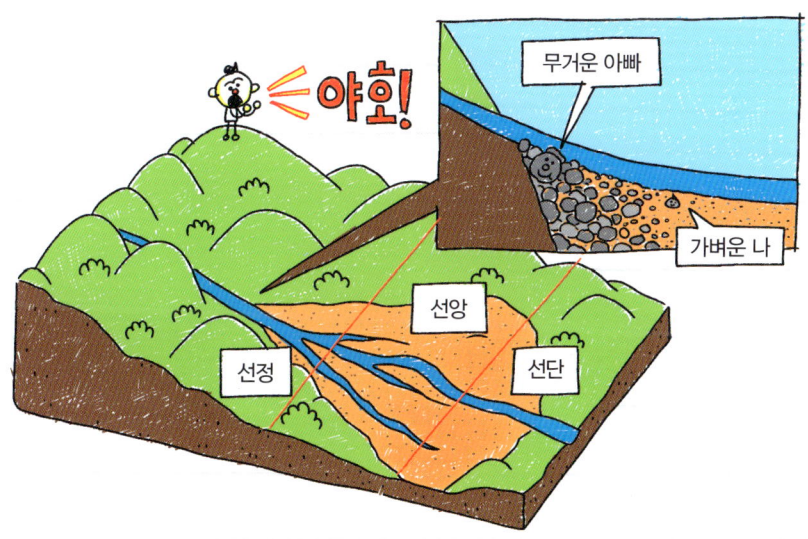

선상지의 위쪽은 퇴적물의 크기가 큰 편이라서 주로 밭으로 이용해.
가운데 부분은 밭이나 과수원으로, 퇴적물의 입자가 작은 아래쪽은 논으로 이용하는 경우가 많지.
멋진 풍경뿐만 아니라 비옥한 땅도 만들어 주는 강물아, 고마워.

층리는 어떻게 생겨날까?

　물이나 바람에 실려 운반된 퇴적물이 쌓이고 쌓이면 단단하게 굳어져 암석이 돼. 암석의 알갱이 크기, 색, 성분 따위가 달라서 위아래의 퇴적물과 구분되어 층을 이루는 것을 '지층'이라고 해. 그리고 지층에 나타나는 평행한 줄무늬를 '층리'라고 하지.

　암석은 아주 오랜 시간에 걸쳐 만들어지는데, 암석이 만들어질 당시 주변 환경에 따라 암석을 이루는 알갱이의 크기, 색, 성분 따위가 달라져. 그래서 지층을 연구하면 지층이 만들어진 시기와 그 시기의 기후, 지형, 식생 등 주변 환경을 알아낼 수 있어.

퇴적암의 생성 과정

① 물에 의해 운반된 퇴적물이 강이나 바다에 쌓인다.

② 퇴적물이 계속 쌓이면서 퇴적물 사이의 간격이 좁아진다.

오랫동안 만들어진 지층이 지구 내부에서 힘을 받아 땅 위로 솟아오른 뒤 흐르는 강물 등에 의해 깎이면 점곡 계곡의 절벽처럼 세상에 드러나게 되지.

 이처럼 퇴적물이 쌓여 만들어진 암석을 '퇴적암'이라고 해. 알갱이가 작은 진흙이나 갯벌의 흙이 뭉쳐져 만들어진 암석을 '이암', 모래 크기 알갱이로 이루어진 암석을 '사암', 자갈 사이에 모래나 진흙이 채워져 굳은 암석을 '역암'이라고 불러.

③ 물에 녹아 있는 물질이 퇴적물 사이를 채운다.

④ 오랜 시간 퇴적물이 쌓여 굳어지면 퇴적암이 된다.

4장
뱀을 닮은 강

이번 캠핑은 아빠 친구가 운영하시는 강원도 농장으로 떠나기로 했다. 차에서 나오는 노래를 신나게 따라 부르며 운전하던 아빠가 말씀하셨다.

"농장으로 가는 길에 한반도 지형을 볼 거야."

"한반도 지형이요?"

내가 묻자 조수석에 탄 엄마가 말씀하셨다.

"강물에 빙 둘러싸여 마치 한반도 모양처럼 보이는 땅이야."

"강물에 둘러싸여 있다고요?"

"그렇단다."

"오, 어떤 모습일지 궁금해요."

우리가 탄 자동차가 국도로 들어섰다. 굽이굽이 흐르는 강을 따

라 도로도 구불구불 이어져 있었다. 자동차가 도로를 달리며 오른쪽으로 왼쪽으로 획획 방향을 바꿀 때마다 뒷좌석에 탄 나도 이리저리 휘청거렸다.

"아빠, 이러다가 뱀처럼 구불구불한 강에 빠지겠어요."

"멍멍멍!"

뽕야도 걱정되는 듯 짖었다. 아빠는 활짝 웃으며 말씀하셨다.

"모모야, 네가 방금 과학 용어를 말했단다."

"네? 제가요?"

"지금 저 강을 보고 뭐라고 말했지?"

"뱀처럼 구불구불한 강이요?"

"딩동댕! 정답이야. 이렇게 구불구불 흘러가는 강을 '사행천'이라고 한단다."

내가 어리둥절한 표정을 짓자 엄마가 설명해 주셨다.

"사행천, 한자로 뱀 사(蛇), 다닐 행(行), 내 천(川) 자를 쓴단다. 뱀이 기어가는 모양처럼 구불구불 흘러가는 강을 뜻하지."

나는 차창 밖으로 흐르는 사행천을 한참 바라보았다. 순간 푸른 뱀이 구불구불 기어가는 걸 본 듯한 착각이 들었다.

어느새 한반도 지형에 도착했다. 전망대에 오르자 멋진 경치가 펼쳐졌다. 강물이 휘감아 돌아가고, 흐르는 물 안쪽으로 지도책에서 본 한반도 모양의 땅이 떡 자리 잡고 있었다.

"우아, 어떻게 이런 모양이 되었을까요?"

"후후, 모두 침식과 퇴적 작용 때문이란다."

강물이 침식 작용을 일으키는 건 지난번에 조사하여 알았지만, 침식은 빠르게 흐르는 강에서만 일어나는 작용인 줄 알았다.

"강이 저렇게 잔잔하게 흘러도 침식 작용이 일어나요?"

"그럼, 이렇게 강이 구불구불 흐르면 강 안쪽과 바깥쪽에 작용하는 힘이 달라서 재미있는 현상이 벌어져."

"재미있는 현상이요?"

때마침 아빠의 핸드폰이 울렸다. 아빠가 통화하시는 동안 나는 강을 바라보며 재미있는 현상이 무엇일까 생각했다. 그때 아빠가 갑자기 소리치셨다.

"큰일이야! 약속 시간을 착각했어. 서둘러야겠어."

"아이고, 기다리시겠네요. 얼른 출발해요."

우리는 급히 전망대에서 내려와 아빠 친구의 농장으로 향했다. 굽이진 도로에서 차가 급커브를 돌자 몸이 차 밖으로 튕겨 나갈 듯 밀렸다. 그 바람에 내 무릎 위에 앉아 있던 뽕야가 깜짝 놀랐다.

"깨갱! 멍!"

"아빠, 멀미 날 것 같아요."

아빠가 당황한 목소리로 말씀하셨다.

"뽕야, 모모야. 미안해. 곡선 도로에서는 바깥쪽으로 힘이 작용하니까 조심해야겠다."

그 뒤로 한참 더 구불구불한 길을 달려 마침내 농장에 도착했다. 턱수염을 멋지게 기른 영식이 아저씨가 우리를 반갑게 맞이해 주셨다. 아저씨네 복숭아밭도 구경하고, 농장에서 키우는 닭과 오리도 쫓아다니며 재미있는 시간을 보냈다. 영식이 아저씨가 친환경 농법으로 재배한 채소와 방목해서 키우는 닭이 낳은 건강한 달걀을 나눠 주시자 아빠가 외치셨다.

"오늘의 메뉴는 오므라이스다!"

신선한 채소로 만든 오므라이스는 보기만 해도 군침이 돌았다. 나는 숟가락을 들었다가 아빠가 뿌린 케첩을 보고 웃음이 터졌다.

"아빠 요리는 항상 과학적이네요!"

"응? 무슨 소리냐?"

"아니에요. 잘 먹겠습니다!"

구불구불 케첩 오므라이스

①

찬밥과 다진 채소를 함께 볶아 볶음밥을 만든다.

②

그릇에 달걀을 깨고 소금을 뿌려 간을 맞춘 뒤 흰자와 노른자를 섞는다.

③

프라이팬에 섞은 달걀을 붓고 한쪽 면만 익힌다.

④

달걀지단 한쪽에 볶음밥을 올리고 나머지 부분으로 잘 감싼다.

농장 가는 길에서 만난 강이 뱀처럼 구불구불 흐른다고 했지?

이렇게 강이 구불구불 흐르는 모습은 보통 강 중류에서 볼 수 있어.

낙동강 중류

경상북도 상주시 경천대의 전망대에서 찍은 낙동강 중류의 모습이야.

강 중류는 상류보다 땅의 경사가 완만해서 강물의 속도가 느려.

또 상류보다 강폭이 넓고 흐르는 물의 양도 많아. 땅의 상태에 따라 흐르는 방향을 바꿔 좌우로 휘어지며 구불구불하게 흐르지.

☆ 강 중류 지형의 특징

- 상류보다 경사가 완만해서 강물의 속도가 느리다.
- 상류보다 강폭이 넓고 물의 양이 많다.
- 강이 굽이치며 흐른다.

강 중류에서도 침식 작용, 운반 작용, 퇴적 작용이 모두 일어나.

구불구불 흐르는 강은 시간이 흐를수록 점점 더 굽이쳐 흘러. 강 안쪽과 바깥쪽에 흐르는 물의 속도가 다르기 때문이야.
친구들이랑 손을 잡고 굽은 길을 함께 달린다고 생각해 봐.
바깥쪽에서 달리는 친구가 더 빨리 뛰어야겠지?
빠르게 흐르는 강 바깥쪽에서는 강한 침식 작용이 일어나고, 느리게 흐르는 강 안쪽에서는 퇴적 작용이 일어나. 이런 침식 작용과 퇴적 작용이 오랫동안 이어지면 강은 점점 더 심하게 굽이쳐 흐르게 되는 거야.

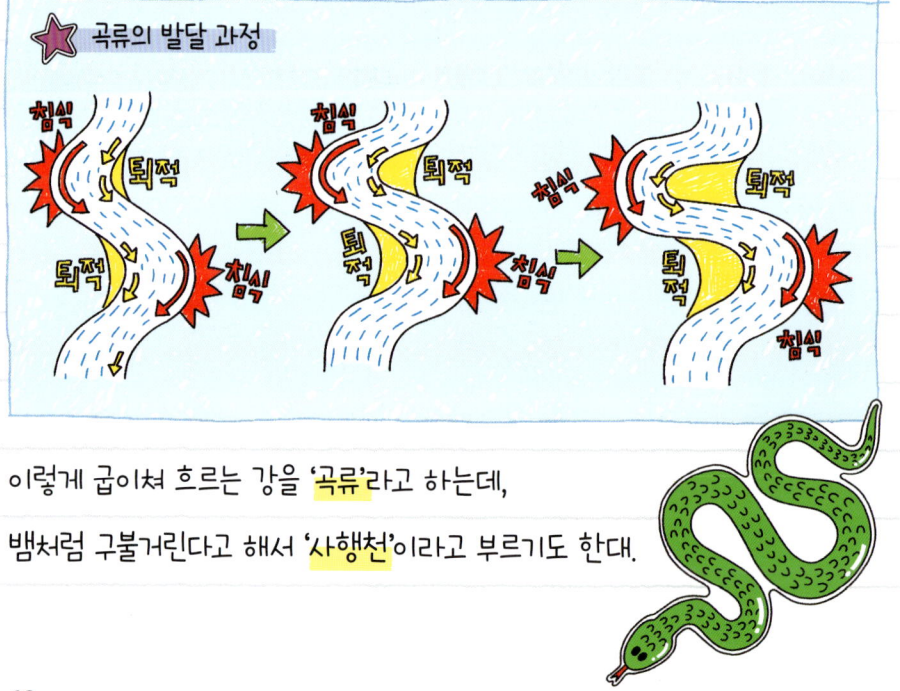

★ 곡류의 발달 과정

이렇게 굽이쳐 흐르는 강을 '곡류'라고 하는데, 뱀처럼 구불거린다고 해서 '사행천'이라고 부르기도 한대.

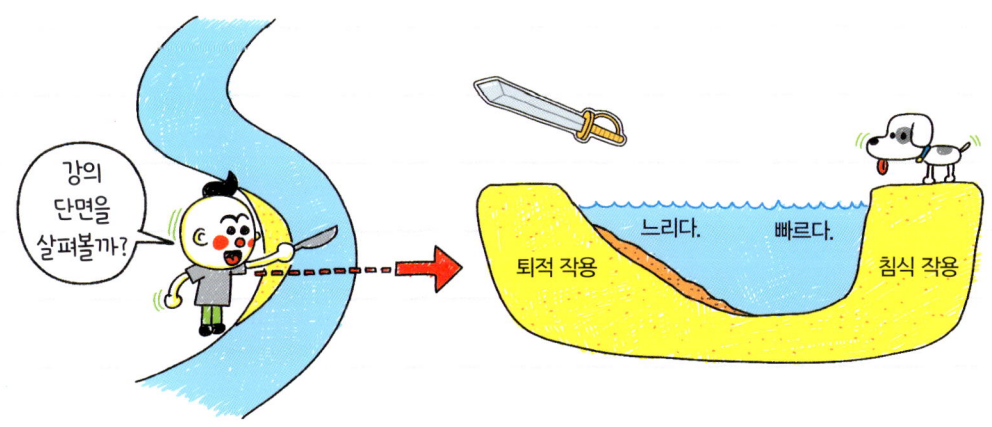

강의 단면을 살펴보면 퇴적 작용이 활발하게 일어나는 곡류 안쪽에는 자갈과 모래가 쌓여 있어. 퇴적 지형은 보통 초승달 모양이고, 완만한 경사를 이루고 있어. 반면에 침식 작용이 활발한 곡류 바깥쪽은 물에 깎여 급한 경사를 이루지. 강물의 침식 작용으로 강기슭의 암석이 드러나며 절벽이 생겨나기도 하는데, 이것을 '하식애'라고 해.

오랜 시간이 흘러 곡류가 더 심하게 휘어지면 어떻게 될까?

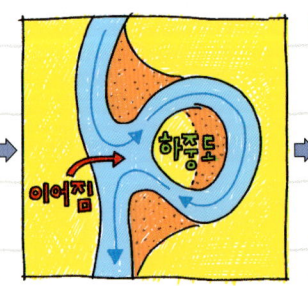

곡류 바깥쪽의 침식 작용과 안쪽의 퇴적 작용이 오랫동안 계속되면 강이 이어지기도 해. 이렇게 강이 이어지면 강 한가운데 섬이 생겨나는데, 이런 섬을 '하중도'라고 해. 말 그대로 '강 가운데 있는 섬'이라는 뜻이야.

그 후로 계속 퇴적물이 쌓이면 강의 일부가 본래의 강줄기에서 분리되기도 해. 그렇게 분리되어 만들어진 호수를 쇠뿔 모양처럼 생겼다고 해서 '우각호'라고 하지.

또 물길이 바뀌면서 강물이 말라 강이었던 흔적만 남은 곳을 '구하도'라고 해. 말 그대로 '예전에 강이 흐르던 길'이라는 뜻이야.

하중도, 우각호, 구하도는 강 주변에 형성된 넓고 평탄한 지형인 ==범람원==에서 발달해. 비가 많이 와서 강물이 크게 불어나 넘치면 홍수가 나. 그러면 강물에 의해 운반된 흙, 모래 따위가 강 주변에 퇴적되지. 이런 일이 오랫동안 반복되면 범람원이 만들어져.

이런 곳에서 벼농사를 짓는구나.

강을 통해 운반된 퇴적물이 쌓인 범람원은 식물의 성장을 돕는 양분이 풍부한 데다가 강에서 물을 끌어 대기도 좋아서 주로 농경지로 이용돼. 이렇게 강과 땅은 우리 생활에 많은 영향을 주고 있어.

곡류의 종류를 알아볼까?

　구불구불 흐르는 곡류는 환경에 따라 두 종류로 나눌 수 있어.
　넓은 들판을 자유롭게 구불구불 흐르는 강은 '자유 곡류 하천'이고, 깊은 골짜기에서 구불구불 흐르는 강은 '감입 곡류 하천'이야. 산이 많은 우리나라에는 자유 곡류 하천보다 감입 곡류 하천이 많아. 우리나라에서 자유 곡류 하천은 주로 서해안의 평야 지대에서 발견돼.
　최근에는 자유 곡류 하천을 직선으로 바꾸는 직강화 공사를 하는 경우가 많아. 강을 직강화하면 농경지를 넓힐 수 있거든. 또 물의 흐름이 빨라져 주변으로 강이 범람하는 걸 막을 수 있어.

자유 곡류 하천

하지만 비가 많이 내려 강물이 한꺼번에 흐르면 오히려 하류에서 홍수가 발생하기도 해. 또 강 주변에 자연스럽게 발달해 오염 물질을 정화시켜 주던 습지가 사라져 수질 오염이 증가하고 강 주변에 살던 많은 생물의 서식지가 사라져서 생태계 순환이 파괴되기도 하지.

　감입 곡류 하천은 자유 곡류를 하던 강 주변의 땅이 솟아오르면서 생겨나. 그래서 주로 산지에서 많이 볼 수 있지. 지형이 변화하면서 강물은 강바닥을 더욱 깊게 파고 흘러가며 깊은 골짜기를 만들어. 산을 휘돌며 깊은 골짜기를 흐르는 감입 곡류 하천은 강원도 영월의 한반도 지형처럼 독특하고 아름다운 지형을 만들어 내기도 해.

감입 곡류 하천

5장
강물이 멈추는 곳

　　맴맴 매미 울음소리가 시끄러운 계절이 왔다. 아침부터 푹푹 찌는 더위에 땀이 줄줄 흘렀다.
　　"아, 시원한 바다에 풍덩 뛰어들고 싶다. 우리 캠핑 가요!"
　　내 말에 선풍기 앞에 누워 있던 아빠가 얼른 대답하셨다.
　　"모모야, 좋은 생각이야!"
　　아빠는 자다가도 캠핑이라는 말만 들으면 벌떡 일어나신다.
　　엄마도 연신 부채질로 땀을 식히며 말씀하셨다.
　　"좋아요. 그런데 어디로 갈까요? 동해안에는 사람이 많을 텐데……."

재미난다 과학 01 땅의 변화
모모의 땅 탐구 노트
글 윤자영 | 그림 박우희

재미난다 과학 용어 익히기

빈칸에 알맞은 말을 보기 에서 찾아 쓰세요.

보기 　 퇴적　 삼각주　 곡류　 풍화　 부식물　 침식

1. ☐☐ 작용은 바위가 물, 산소, 생물, 바람, 파도 등의
작용으로 잘게 부서져 흙이 되는 과정을 뜻합니다.

2. ☐☐☐ 은/는 흙 속에 섞여 있는 식물 뿌리,
낙엽 부스러기, 죽은 개미 같은 것들을 말합니다.

3. ☐☐ 작용은 강물 등에 의하여 돌, 흙 등이 깎이는 작용입니다.

4. ☐☐ 작용은 강물 등에 의하여 운반된 물질이 쌓이는 작용입니다.

5. ☐☐ 은/는 구불구불 굽이쳐 흐르는 강을 말합니다.

6. 강 하류에서 볼 수 있는 ☐☐☐ 은/는 강이 바다로 흘러
들어가는 어귀에, 강물에 운반되어 온 모래나 흙이 쌓여 만들어진 지형입니다.

재미난다 과학 01 땅의 변화
모모의 땅 탐구 노트

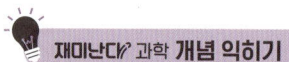 과학 **개념 익히기**

1. 빈칸에 공통으로 들어갈 단어를 보기 에서 골라 ○표 하세요.

   보기   산소   빗물   식물   파도   바람

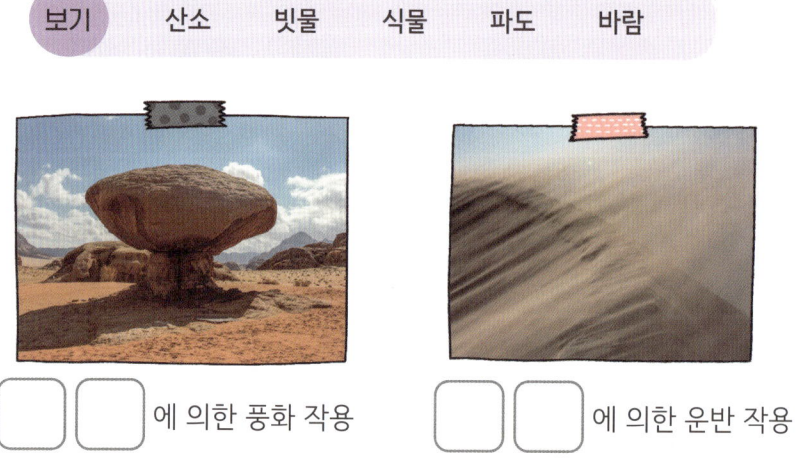

   ☐☐ 에 의한 풍화 작용   ☐☐ 에 의한 운반 작용

2. 사진과 같은 강 주변 지형의 특징을 정리한 표를 보고, 적절한 말에 ○표 하세요.

강폭	좁다 / 넓다
강의 경사	완만하다 / 급하다
물의 양	많다 / 적다
물의 속도	빠르다 / 느리다

3. 곡류에서 일어나는 작용으로 알맞은 것을 보기 에서 찾아 빈칸에 쓰세요.

보기   운반 작용   퇴적 작용   침식 작용

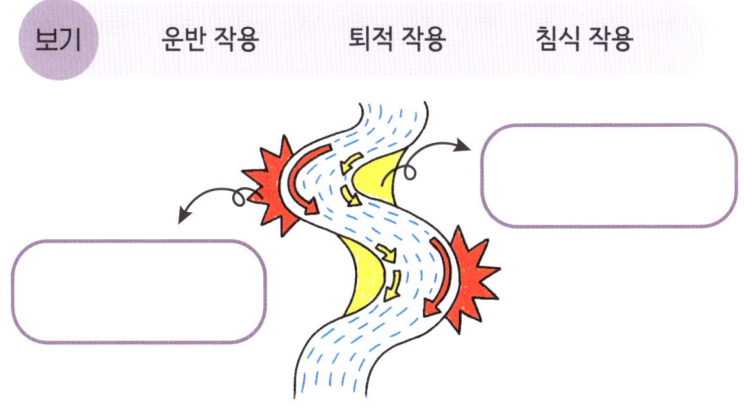

4. 강 주변 지형에 대한 옳은 설명에는 ○표, 옳지 않은 설명에는 X표를 해 보세요.

- 강 하류에서는 침식 작용이 활발하게 일어나. ( )
- 구불구불 흐르는 강은 시간이 흐를수록 점점 더 굽이쳐 흘러. ( )
- 강 상류에서는 V자 계곡, 폭포, 선상지를 볼 수 있어. ( )
- 강 중류에서는 운반 작용만 일어나. ( )

재미난다 과학 01 땅의 변화
모모의 땅 탐구 노트

 재미난다 과학 수행 평가 준비하기

보기 의 단어들을 조합하여, 낙동강 삼각주 지형을 소개하는 신문 기사를 써 보세요.

| 보기 | 남해 | 어귀 | 밀물과 썰물 | 모래섬 | 퇴적 작용 | 퇴적물 |

《모모의 땅 탐구 노트》의 독후 활동지(워크시트)와 정답은 미래엔 아이세움 네이버 카페(https://cafe.naver.com/iseum)에서 다운로드 하실 수 있습니다.

재미난다 과학 시리즈는
과학 교과의 핵심 개념을 초등부터 탄탄히!
스스로 탐구하며 배우는 즐거움을 알려 줍니다.

＊ 재미난다 과학 시리즈는 계속 출간됩니다.

잠시 생각하던 아빠가 씩 웃으며 대답하셨다.

"강물이 멈추는 곳에 가 볼까요?"

초등학생인 나도 강이 상류에서 하류로 흐르는 것을 아는데, 강물이 멈추는 곳이라니!

"에이, 아빠. 그런 강이 어디 있어요? 농담이죠? 과학 선생님이 과학적으로 말씀하셔야죠."

"하하하, 강은 강인데 흐르지 않는 것처럼 보이는 강이 있단다."

"강물을 거꾸로 거슬러 오르는 연어는 들어 봤어도, 흐르지 않는 것처럼 보이는 강이란 말은 처음 들어요."

"직접 확인해 보렴. 이번 캠핑은 낙동강을 따라 남해로 가자!"

아빠 말씀이 끝나기 무섭게 캠핑 준비를 서두른 우리 가족은 오후 4시쯤 경상남도 함안군에 자리한 용화산에 도착했다. 꽤 먼 거리였지만 에어컨이 시원하게 나오는 차 안에서 좋아하는 노래를 신나게 들으니 지루하지 않았다.

"모모야, 다 왔다. 낙동강을 보러 가자."

아빠는 낙동강을 보러 가자고 하더니 산을 오르기 시작하셨다. 잠시 뒤 우리 가족은 합강정이라는 정자에 도착했다.

"모모야, 저기 낙동강이 보이지?"

"저기가 낙동강이에요? 잔잔해서 호수 같아요."

"그렇지? 하류에 이르러 강물의 속도가 느려진 낙동강이 흐르는 방향이 다른 남강까지 만나 더 느리게 흐르기 때문이란다. 합강정이라는 이름도 '낙동강과 남강이 합류하는 곳에 있는 정자'라는 뜻이야."

합강정에서 바라보는 경치는 평화롭고 멋있었다.

"자, 구경 다했으면 낙동강을 따라 더 남쪽으로 내려가 볼까?"

우리 가족은 다시 차를 타고 출발했다. 한 시간 정도 달린 뒤 아빠가 주차장에 차를 세우셨다.

"여보, 벌써 도착했어요?"

아빠 옆자리에서 꾸벅꾸벅 졸던 엄마가 잠이 덜 깬 채 물으셨다.

"바다에 가기 전에 낙동강 끝을 보고 갑시다."

"낙동강 끝이요?"

이번에는 '아미산 전망대'라는 이정표를 따라 계단을 올랐다. 전망대에 오르자 멀리 바다가 보였다.

"저쪽은 남해, 이쪽은 낙동강이란다. 강과 바다가 만나는 곳을 볼 수 있는 곳이지."

아빠가 가리키는 방향으로 고개를 돌리자, 강과 바다 사이에 길게 이어진 모래사장 같은 것이 보였다.

"저건 섬이에요?"

"정확히 말하면 모래섬이란다. 저 모래섬들이 어떻게 생겨났는지 짐작할 수 있겠니?"

나는 잠시 생각하다가 대답했다.

"음, 여기는 낙동강 하류잖아요? 그럼 강의 퇴적물이 쌓여서 생겨난 건가요?"

아빠가 내 머리를 쓰다듬으며 웃으셨다.

"하하하, 아빠랑 같이 이곳저곳을 다니더니 이제 과학 박사가 다 됐구나."

강물의 퇴적 작용으로 생겨난 지형을 직접 보니 신기했다. 아빠는 모래섬을 '도요등'과 '백합등'이라고 부른다며 도요등은 도요새가 많이 도래해서, 백합등은 백합을 많이 캐서 사람들이 그렇게 부른다고 하셨다.
　아미산 전망대에서 내려온 우리는 드디어 다대포 해수욕장에 도착했다. 다대포 해수욕장에는 아름다운 모래사장이 넓게 펼쳐져 있었다.
　"모모야, 엄마랑 해수욕을 즐기고 있으렴. 그사이 아빠가 아주 특별한 저녁을 만들어 줄게."
　"네, 기대할게요!"
　뽕야와 함께 바다로 달려가 첨벙 뛰어들었다. 한여름 무더위가 싹 사라지는 기분이었다.

끼룩끼룩 갈미조개 샤브샤브

아빠의 캠핑 요리

"갈미조개는 낙동강 하구에서 많이 잡힌단다."

"오, 맛있겠어요!"

1 샤브샤브 육수를 끓인다.

2 파, 청경채, 버섯 등 채소를 넣고 한 번 더 끓인다.

3 갈미조개를 넣고 충분히 익힌 뒤 채소와 함께 건져 먹는다.

4 건더기를 먹고 난 뒤, 남은 국물에 칼국수를 넣고 끓인다.

모모의 탐구 노트

낙동강 하류

낙동강 하류가 얼마나 넓은지 살펴보기 위해 아빠의 보물 1호인 드론을 빌려서 낙동강 하류의 모습을 찍었어.

강폭이 매우 넓지? 여러 줄기의 강이 합쳐지며 강 하류에 이르기 때문이야. 강폭이 넓은 만큼 강물의 양도 어마어마해. 또 강 하류는 경사가 완만해서 강물이 느리게 흘러. 그래서 가벼운 모래 같은 작은 알갱이들이 강 하류에 퇴적돼. 낙동강 하류에서 본 모래섬처럼 말이야. 강 하류를 따라가면 바다와 만나. 이렇게 강과 바다가 만나는 곳을 '하구'라고 해.

☆ **강 하류 지형의 특징**
- 강폭이 넓고 물의 양이 매우 많다.
- 경사가 완만해서 강물의 속도가 느리다.
- 주변에 고운 모래나 흙이 쌓인다.
- 강 하류를 따라가면 바다와 만난다.

낙동강 하굿둑

다대포 해수욕장을 가는 길에 찍은 낙동강 하굿둑이야.

하굿둑은 강물과 바닷물이 만나는 강의 하구에 설치해. 소금기가 있는 짠 바닷물이 강물로 흘러들어 강 주변 농작물이 말라 죽는 피해를 막기 위해서지.

또 둑에 설치한 수문을 여닫아 물의 양을 조절해서 홍수나 가뭄 피해를 막기도 해.

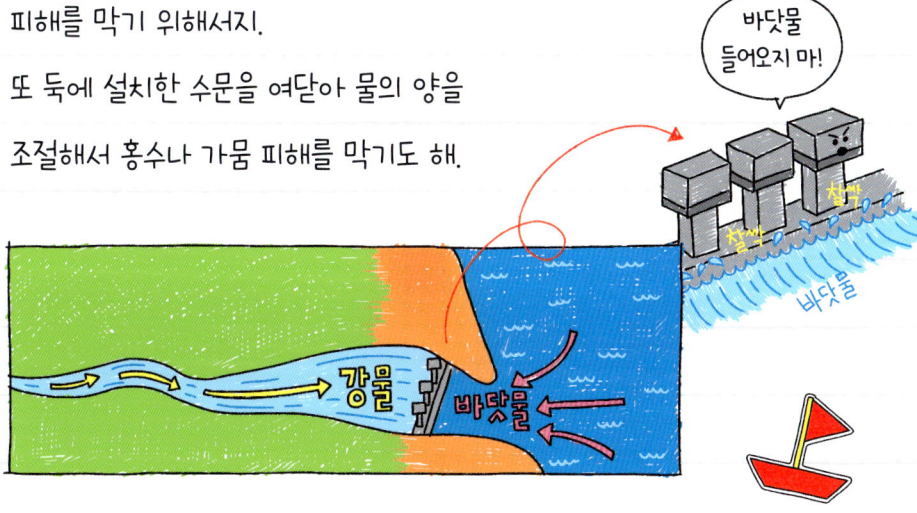

낙동강 외에도 금강, 영산강 등 우리나라의 주요 강 하구에 하굿둑이 설치되어 있대.

강 하류에서는 <mark>퇴적 작용</mark>이 활발하게 일어나.

실험을 한번 해 볼까? 준비물은 흙 한 줌과 물, 페트병, 젓가락이야.

① 반으로 자른 페트병에 물을 담고 흙을 넣는다.
② 젓가락으로 물을 휘젓는다.
③ 가만히 페트병을 관찰한다.

젓가락으로 휘저은 직후, 물이 페트병 안에서 빠르게 돌 때는 흙도 물을 따라 휙휙 돌며 떠다녀. 점차 물의 흐름이 느리고 약해지면 물에 떠다니던 물질들이 바닥에 가라앉기 시작해.

마찬가지로 강이 빠르게 흐를 때는 물질들이 강물을 따라 운반되다가 속도가 줄어들면 무거운 물질부터 가라앉는 거야. 느리게 흐르는 강 하류까지 떠내려오는 것은 가볍고 입자가 작은 물질이야. 그래서 강 하류 주변에서는 <mark>입자가 작은 모래나 흙</mark>이 퇴적된 지형을 볼 수 있어.

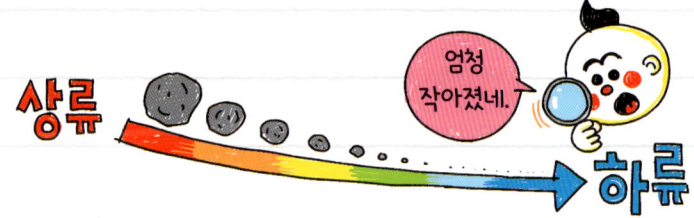

강 하류에서 볼 수 있는 삼각주가 그런 퇴적 지형이지. 삼각주는 강이 바다로 흘러 들어가는 어귀에, 강물에 운반되어 온 모래나 흙이 쌓여 만들어진 지형이야. 오랜 시간 퇴적물이 쌓인 삼각주는 비옥하여 농경지로 많이 이용돼.

세계에서 가장 유명하고 큰 삼각주 중 하나는 나일강 삼각주야. 나일강은 우기에 주기적으로 범람하는데, 그때 쌓인 퇴적물로 삼각형 형태의 삼각주가 만들어졌어. 비옥한 나일강 삼각주에서는 일찍부터 농업이 발달하였고 풍부한 자원을 바탕으로 이집트 문명이 탄생했어.

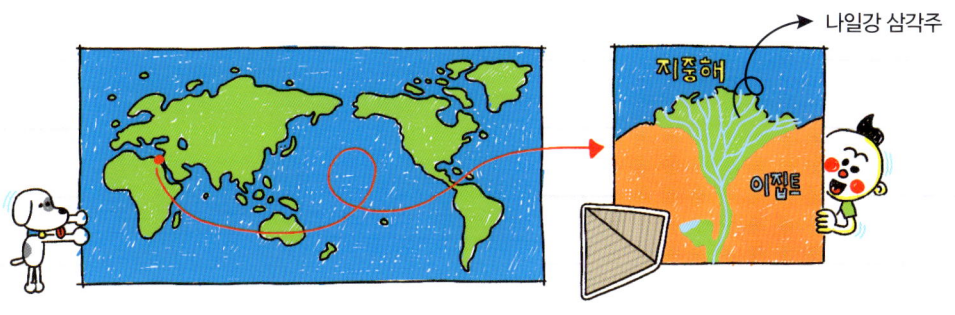

우리나라의 대표적인 삼각주는 낙동강이 남해로 이어지는 어귀에 있는 낙동강 삼각주야. 밀물과 썰물의 차이가 심한 서해안과 달리 남해안은 밀물과 썰물의 차이가 크지 않아 하구에 쌓인 퇴적물이 바다로 많이 휩쓸려 가지 않았지. 그래서 삼각주가 발달할 수 있었어.

낙동강 하구에 가 보면 을숙도를 비롯하여 여러 모래섬 형태의 삼각주를 볼 수 있어. 그런데 시간이 흐른 뒤에는 이 모래섬들이 다른 모양으로 바뀌어 있을지도 몰라. 강물에 실려 온 퇴적물이 계속해서 쌓이고 있기 때문이야.

갈미조개의 정식 명칭은 개량조개로 조갯살이 갈매기 부리를 닮아서 '갈미조개'라고 불러. 민물과 바닷물이 만나는 낙동강 하구에서 잡힌 갈미조개가 더 쫄깃하고 담백하다고 해.

낙동강 하구에서는 삼각주뿐 아니라 습지도 만날 수 있어. 이렇게 강 하구에 나타나는 습지를 '하구 습지'라고 해.

하구 습지는 강물과 바닷물이 만나는 곳에 형성되기 때문에 강과 바다에 사는 생물을 모두 만날 수 있어. 또 땅 위와 물에 사는 양서류, 철마다 찾아오는 철새, 멸종 위기 야생 동물까지 다양한 생물들이 독특한 생태계를 이루며 살아가는 곳이야. 그뿐만 아니라 홍수가 나면 스펀지처럼 물을 머금었다가 흘려 보내 홍수를 조절한다고 하니, 하구 습지를 잘 보전하는 데 힘써야겠어.

하구 습지에 관한 뉴스 기사를 직접 써 봤어.

한강 하구에는 하굿둑이 설치되지 않아 하구 습지가 잘 보전되어 있다고 해.

장항 습지를 찾은 천연기념물 재두루미

20XX. 12. XX일   미래일보 송모모 기자

한강 하구에 발달한 장항 습지

장항 습지를 찾아온 재두루미

한강 하구를 따라 약 7.6km 길이로 형성된 장항 습지는 지난 2021년 5월 21일 람사르 습지로 등재됐다. 이곳 장항 습지에 천연기념물인 재두루미가 겨울을 나기 위해 찾아왔다. 장항 습지에는 여러 천연기념물과 멸종 위기 야생 동물이 서식하는 것으로 알려졌다.

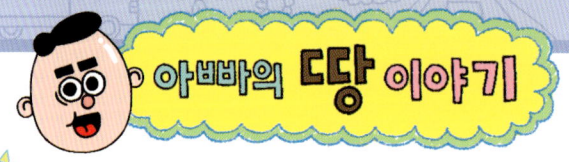

바닷가에도 퇴적 지형과 침식 지형이 있을까?

　바다에서도 바닷물에 의한 침식 작용, 운반 작용, 퇴적 작용이 일어나고 그 때문에 독특한 해안 지형이 발달해.

　갯벌과 모래사장은 바다에서 일어나는 운반 작용과 퇴적 작용을 잘 보여 주는 지형이야. 바닷물에 의해 운반된 퇴적물은 바다가 육지 속으로 오목하게 파고들어 간 '만'에 특히 잘 쌓여. 이곳에 모래가 넓게 쌓이면 모래사장이 만들어지고, 가는 모래나 고운 흙이 쌓이면 갯벌이 만들어져.

　반면 바닷물에 의한 침식 작용으로 만들어지는 해안 지형도 있어. 전라북도 부안군 변산반도에 있는 채석강에 가면 바닷물에 의한 침식 작용으로 생겨난 해안 지형을 잘 관찰할 수 있어. 마치 수만 권의 책을 쌓아 올린 것 같은 층리로 이루어진 바위 절벽을 볼 수 있거든. 수천만 년 동안 파도에 의한 침식 작용이 활발하게 일어나 암석이 깎여 나가며 이런 절벽이 만들어지는데, 이것을 '해식애' 또는 '해식 절벽'이라고 해. 해식은 '해안 침식'을 줄여 이르는 말이야. 시간이 지날수록 해식애는 육지 쪽으로 밀려가게 돼.

　해식애 밑부분의 연약한 암석이 깎이면서 동굴이 생기기도 하는데, 이런 동굴을 '해식 동굴'이라고 해. 반대로 단단해서 침식되지 않은 암석은 절벽과 분리되어 '해식 기둥'으로 남기도 하지. 그리고 해식애 아래 만들어진 평평한 암석 지형을 '파식 대지'라고 해. 파식 대지는 보통 바다 쪽으로 완만하게 기울어져 있어.

　땅은 변하지 않고 항상 그대로인 것 같지? 하지만 침식 작용, 운반 작용, 퇴적 작용은 지금도 계속 일어나고 있고, 아주 오랜 세월에 걸쳐 땅의 모습도 계속 바뀌고 있어.

사구는 한자어야. 모래 사(砂), 언덕 구(丘) 자를 쓴단다. 모래 언덕이라는 뜻이지. 오랜 시간 풍화 작용과 침식 작용에 의해 모래가 만들어지고, 바람이 모래를 옮겨 언덕을 만든 거야. 그렇게 만들어진 모래 언덕이 꼭 사막처럼 보이는 거지.

- **교과 연계**
  2015년 개정 교과_초등 과학 3-2 2. 지표의 변화
  2022년 개정 교과_초등 과학 4-1 3. 땅의 변화

- **사진 출처**
  17 문화재청
  81 연합뉴스
  19, 20, 30, 45, 46, 47, 48, 60, 63, 76, 77 셔터스톡

재미난다! 과학 01 땅의 변화
모모의 땅 탐구 노트

글 윤자영 | 그림 박우희

찍은날 2024년 4월 10일 초판 1쇄 | **펴낸날** 2024년 4월 25일 초판 1쇄
펴낸이 신광수 | **CS본부장** 강윤구 | **출판개발실장** 위귀영 | **디자인실장** 손현지
아동인문파트 김희선, 김지예 | **출판디자인팀** 최진아, 이서율 | **저작권 업무** 김마이, 이아람
출판사업팀 이용복, 민현기, 우광일, 김선영, 신지애, 허성배, 이강원, 정유, 정슬기, 정재욱, 박세화, 김종민, 전지현
CS지원팀 강승훈, 봉대중, 이주연, 이형배, 이우성, 전효정, 장현우, 정보길
펴낸곳 (주)미래엔 | **등록** 1950년 11월 1일 제16-67호 | **주소** 서울특별시 서초구 신반포로 321
전화 미래엔 고객센터 1800-8890 팩스 541-8249 | **홈페이지 주소** www.mirae-n.com

ISBN 979-11-6841-813-4 74400
ISBN 979-11-6841-812-7 (세트)

책값은 뒤표지에 있습니다. 파본은 구입처에서 교환해 드리며, 관련 법령에 따라 환불해 드립니다.
다만 제품 훼손 시 환불이 불가능합니다.